Ute Fischer

Die freche Bastelmaus

Wolle, Garn und Kuschelfilz

Inhalt

Was du zum Handarbeiten brauchst.... **4**

So geht's **5**

Freche Fadenspiele **6**

Kuschelweicher Schal **8**

Kunterbuntes Hüpfseil **10**

Königliche Kette **12**

Haarband in Kirschblütenrosa **14**

Flauschiger Blumenstift **16**

Nadelkissen für Profis **18**

Sonnengelber Traumfänger **20**

Regenbogenschnecke **22**

Die Dinos sind los! **24**

Kirschen für den Kaufladen 26

Für Prinzessinnen 28

Kleine Krimskrams-Körbchen 30

Happy Birthday! 32

Für kleine Ladies 34

Schleifenspangen 36

Meine Murmelbeutel 38

Süße Sockeneule 40

Blütenbuttons 42

Herzen mit Lavendelduft 44

Täschchen für Glückspilze 46

Impressum 48

Was du zum Handarbeiten brauchst

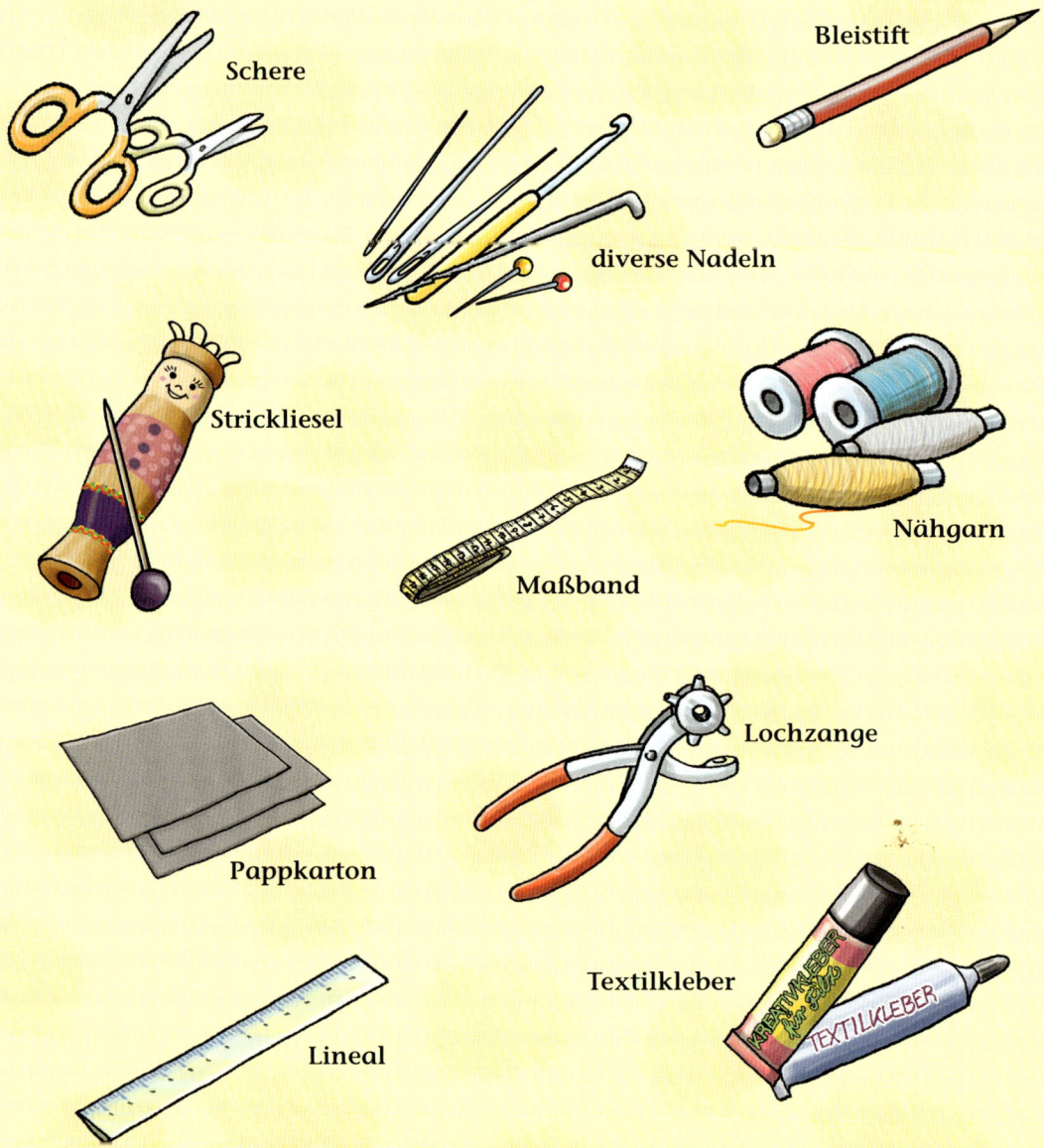

Schere

Bleistift

diverse Nadeln

Strickliesel

Nähgarn

Maßband

Pappkarton

Lochzange

Textilkleber

Lineal

So geht's

Wie stelle ich eine Schablone her?

Benötigst du Kreise, stellst du einfach einen runden Gegenstand auf ein Stück Pappe, zeichnest mit dem Bleistift einmal im Kreis herum und schneidest den Kreis aus. Für jede andere Form nimmst du ein Stück Transparentpapier, legst es auf die Vorlage und zeichnest diese mit einem Bleistift ab. Schneide danach grob um die Form, klebe das Papier auf ein Stück Pappe und schneide sie erst jetzt ganz genau aus.

Wo bekomme ich mein Material?

Sämtliches Material kannst du natürlich in Stoff- oder Bastelläden kaufen. Du kannst aber auch deine Eltern, deine Großeltern oder deine Nachbarn um schöne Geschenkbänder oder Stoff- und Wollreste bitten. Auf Flohmärkten findest du textiles Material meist sehr günstig.

Wo hebe ich mein Material auf?

Vielleicht kannst du dir in einer Ecke deines Zimmers eine kleine Nähecke einrichten. Deine Wollreste kannst du in einem schönen Korb aufbewahren, deine Stoffreste und Geschenkbänder in schönen Schachteln. Für Knöpfe und Perlen eignen sich Honiggläser mit Schraubverschluss. Stecknadeln, Näh- und Sticknadeln sind auf einem Nadelkissen immer griffbereit.

Freche Fadenspiele
kühn gekordelt

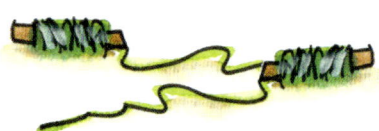

Das brauchst du

- dünnes Baumwollgarn in Grün-Blau meliert, 10 m lang
- Schere
- Bleistift
- Maßband

Vorlagenbogen A

2 **Stecke einen Bleistift** durch die andere Schlinge und gehe so weit zurück, bis dein Faden gespannt ist.

3

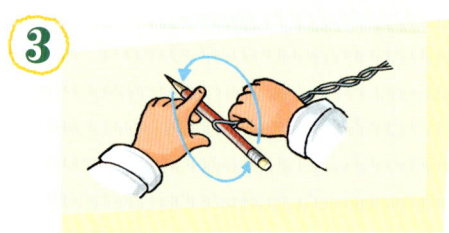

Halte das Garn unterhalb des Bleistifts mit einer Hand so fest, dass dieser nicht herausfallen kann und drehe ihn immer in die gleiche Richtung.

4 **Gehe ein paar Schritte** nach vorne. Beginnt der Faden, sich von selbst zu verdrehen, hast du genug gekordelt.

5 **Bitte einen Freund,** das Garn in der Mitte zu halten, solange du die Schlinge von der Türklinke auf den Bleistift hebst. Loslassen! – Das Garn verdreht sich von selbst zur Kordel.

1 **Verknote die Garnenden** miteinander und hänge die Schlinge über eine Türklinke.

Maustipp

zum Basteln und Spielen

⭐ Möchtest du eine dickere Kordel haben, musst du mehr als zwei Fäden miteinander verdrehen. Du kannst dir auch zwei Kordeln für die Stoffsäckchen auf Seite 39 drehen. Eine Spielidee findest du auf dem Vorlagenbogen.

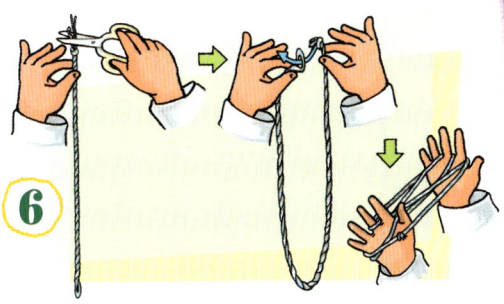

6

Nimm den Bleistift aus den Schlingen. Verknote die Fadenenden miteinander und schneide sie hinter dem Knoten ab.

Kuschelweicher Schal

mit Pompons

Das brauchst du

- Fleecestoff mit weißen Punkten, 10 cm breit, 75 cm lang
- Wolle in Weiß, 8 g (pro Pompon)
- 2 Pappen mittlerer Stärke, 5,5 cm x 5,5 cm
- Bleistift
- Schere
- Wollnadel
- Sticknadel mit Spitze

Vorlagenbogen B

1 **Stelle mit Hilfe** der Vorlage zwei Pappringe her und lege sie aufeinander. Umwickle sie so lange mit der weißen Wolle, bis das Loch in der Mitte ausgefüllt ist. Nimm die Wollnadel zu Hilfe.

2

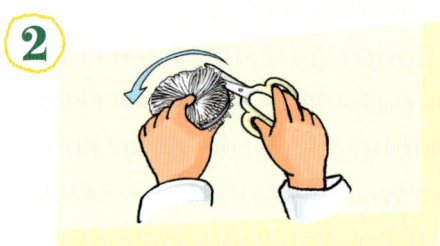

Schneide die Wollfäden an der Außenkante der Pappscheiben mit der Schere ringsherum durch. Halte die Mitte gut fest, damit die Fäden nicht verrutschen.

3 **Lege anschließend einen Wollfaden** zwischen die Pappscheiben, ziehe ihn fest und verknote ihn gut. Entferne die Pappringe und schneide alle überstehenden Wollfäden ab. Stelle den zweiten Pompon genauso her.

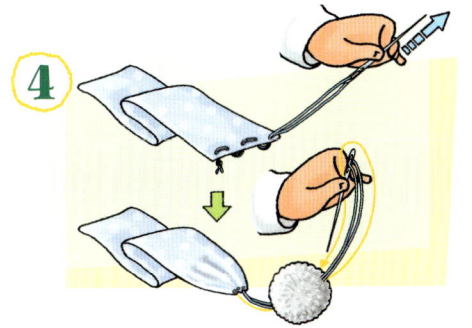

4

Verknote das Fadenende eines weißen Wollfadens. Nähe mit der Sticknadel Vorstiche durch das Schalende – etwa 0,5 cm vom Rand entfernt – und ziehe den Stoff zusammen. Stich mit dem gleichen Faden durch den Pompon und wieder zurück. Vernähe das Fadenende im Fleecestoff. Fertig ist der Schal für Ente Emil!

Maustipp

zum Basteln und Spielen

⭐ Du kannst auch bunte Pompons aus verschiedenfarbiger Wolle wickeln. Wenn du den Fleecestoff etwas breiter kaufst und die ganze Länge nimmst, kannst du auch einen Schal für dich selbst machen. Es gibt übrigens auch fertige Pompon-Scheiben aus Kunststoff in verschiedenen Größen zu kaufen.

Kunterbuntes Hüpfseil

selbst geflochten

Das brauchst du

- Nikkisamt in Lila, Orange und Pink, 10 cm breit, 1,60 m lang
- Nähgarn in Lila, Pink und Orange
- 2 Holzkugeln halbgebohrt, ø 3,5 cm
- Maßband
- Schere
- Nadeln
- Stecknadeln
- 2 Sicherheitsnadeln
- Heißkleber

1 **Stecke jeden Samtstreifen** der Länge nach mit Stecknadeln zusammen und schneide ihn entlang der Kante mit der Schere durch.

2

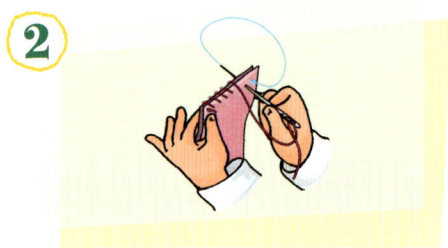

Nähe die Streifen der gleichen Farbe mit Überwendlichstichen an den Enden zusammen. Schneide sie auf eine Länge von 2,40 m zu.

3 **Stecke die Streifenanfänge** auf einer Sicherheitsnadel übereinander und befestige sie zum Flechten beispielsweise an einem Stuhl.

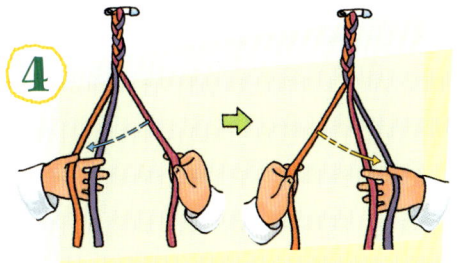

4

Lege zuerst den linken Streifen über den mittleren Streifen und dann den rechten Streifen über den mittleren. Wiederhole dies fortlaufend. Es liegt immer eine andere Farbe in der Mitte.

5 **Lege die Streifenenden** übereinander und fixiere sie mit der zweiten Sicherheitsnadel. Nähe die Stoffstreifen auf beiden Seiten mit Überwendlichstichen zusammen und entferne die Sicherheitsnadeln.

6 **Tropfe Klebstoff von** der Heißklebepistole in die Holzkugeln und drücke die Stoffenden fest hinein.

Maustipp
zum Basteln und Spielen

⊛ Es gibt Niedertemperaturklebepistolen, die schon für Kinder zugelassen sind. Arbeite mit so einer Klebepistole oder überlasse das Kleben einem Erwachsenen, wenn du nur eine „normale" Heißklebepistole hast, damit du dich nicht verbrennst.

Königliche Kette

aus Luftmaschen

Das brauchst du

- Trikotstoff in Pink, Flieder und Dunkellila, 5 cm breit, 1,60 m lang
- Trikotstoffstück in Pink, 5 cm x 5 cm
- 3 Holzblüten, ø 1,5 cm
- 2 Holzperlen in Flieder, 2 cm lang
- Stecknadeln
- Nähseide in Pink
- Nähnadel
- Schere

1 **Schneide oder reiße** die Stoffstreifen der Länge nach durch.

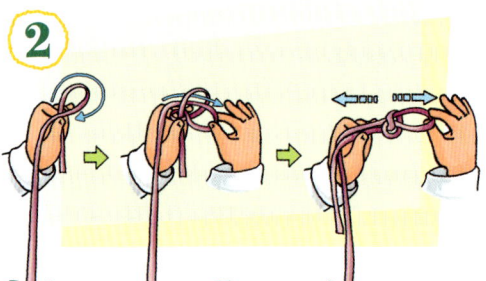

Lege 15 cm vom Fadenanfang entfernt eine Schlaufe, halte diese mit Daumen und Zeigefinger der linken Hand fest und ziehe mit Daumen und Zeigefinger der rechten Hand eine Schlinge von hinten durch die Schlaufe.

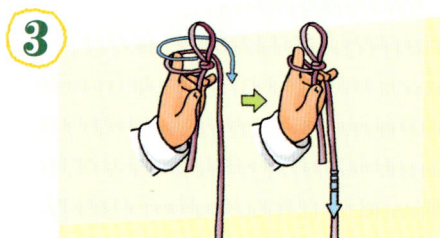

Halte diese „Luftmasche" mit Daumen und Mittelfinger der linken Hand fest, lege den langen Stoffstreifen um den Zeigefinger und halte ihn mit Ring- und kleinem Finger fest.

Maustipp

zum Basteln und Spielen

⭐ Du kannst die Kette auch aus alten T-Shirts nähen. Schneide das T-Shirt dazu seitlich auf und den unteren Rand ab. Schneide den Stoff im Abstand von 2,5 cm seitlich mit der Schere ein und reiße die Streifen für die Kette ab. Ziehst du die Stoffstreifen in die Länge, rollen sie sich auf.

4

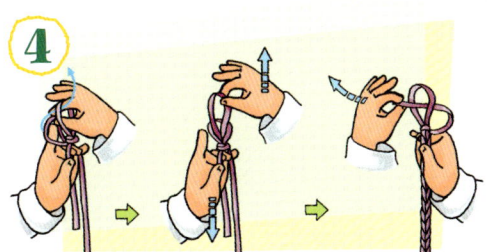

Greife mit Daumen und Zeigefinger der rechten Hand durch die Luftmasche, hole eine Schlinge und ziehe den Stoffstreifen an. Wiederhole diesen Vorgang fortlaufend. Ziehe die letzten 15 cm vom Stoffstreifen durch die letzte Luftmasche.

5 **Nähe die Blüten** mit der Nähseide auf die Luftmaschenkette und fädele die Perlen auf. Halbiere die übrigen Stoffsteifen und nähe sie zusammen mit der Luftmaschenkette an beiden Enden mit Überwendlichstichen zusammen.

6 **Falte das kleine Stoffstück** beidseitig bis zur Mitte und wickle es um die Nahtstelle. Falte das Stoffende etwas nach innen bevor du es mit Überwendlichstichen annähst.

Haarband in Kirschblütenrosa
auf den Fingern gestrickt

Das brauchst du

- Pannesamt in Rosa, 10 cm breit, 1,40 m lang
- Nähgarn in Rosa
- Organza-Blüte in Altrosa, ø 3 cm
- Schere
- Stecknadeln
- Nähnadel

1 **Stecke den Pannesamt-streifen** der Länge nach mit Stecknadeln zusammen und schneide ihn an der Kante entlang mit der Schere durch. Schneide beide Streifen nochmals der Länge nach durch. Du hast jetzt vier 2,5 cm breite Streifen. Nähe die Streifen rechts auf rechts mit Überwendlichstichen aneinander und wickle sie zu einem Knäuel auf.

2

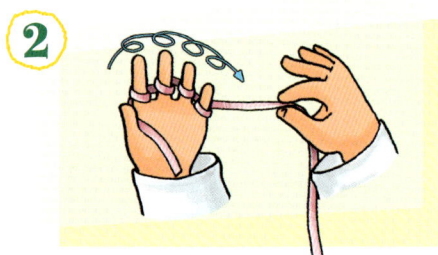

Lege den Streifenanfang auf die Innenfläche deiner linken Hand und wickle den Streifen einmal um den Zeigefinger, den Mittelfinger, den Ringfinger und den kleinen Finger. Das Streifenende hältst du mit dem Daumen fest.

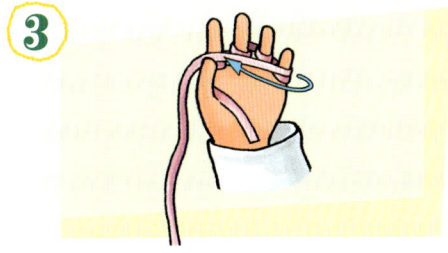

③

Lege den Streifen von rechts nach links gerade über die Schlingen. Halte ihn mit dem Daumen fest.

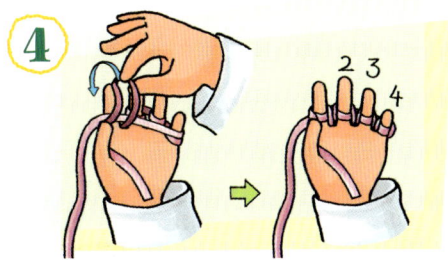

④

Ziehe mit Daumen und Zeigefinger der rechten Hand an der Schlinge des Zeigefingers und hebe sie darüber. Hebe die anderen drei Schlingen nacheinander über die anderen Finger.

⑤ **Lege jetzt den** Streifen von links nach rechts über die Schlingen. Beginne diesmal am kleinen Finger mit dem Abheben der Maschen. Lege den Streifen abwechselnd von rechts nach links und von links nach rechts über die Schlingen, bis der ganze Knäuel verstrickt ist. Bevor dein Streifen zu Ende ist, hebst du die Maschen vom Zeigefinger auf den Mittelfinger und danach die unterste Schlinge über den Mittelfinger. Diese Schlinge hebst du auf den Ringfinger usw. Das Streifenende ziehst du durch die letzte Schlinge.

⑥ **Nähe das Stirnband** mit Überwendlichstichen zum Kreis zusammen. Umwickle diese Stelle mit den Streifenenden und nähe sie auf der Innenseite fest. Nähe die Blüte auf den Streifen in der Mitte an oder klebe sie mit Textilkleber fest.

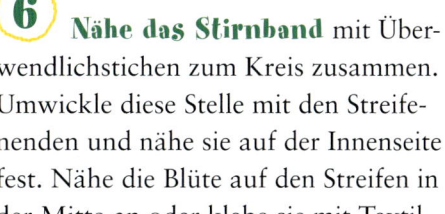

Flauschiger Blumenstift

mit Liebe gestricklieselt

Das brauchst du

- Softwolle in Grün, 1 g
- Softwolle in Farbverlauf Lila-Pink-Rosa, 2 g
- Pompon in Gelb, ø 15 mm
- Strickliesel mit 4 Haken
- Stricklieselnadel
- Häkelnadel
- Wollnadel
- Maßband
- Bleistift
- Schere
- Klebstoff

Lege den Faden danach über die erste Schlaufe und spanne den Faden mit dem Zeigefinger.

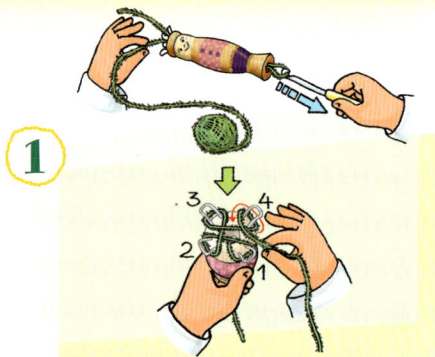

Ziehe den Fadenanfang vom grünen Wollknäuel mit der Häkelnadel von oben nach unten durch die Strickliesel. Lege den Faden mit der anderen Hand gegen den Uhrzeigersinn um alle vier Haken.

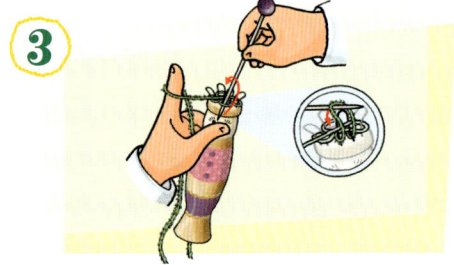

Stich mit der Stricklieselnadel von oben durch die Schlinge und hebe sie über den Haken. Ziehe am Fadenende, damit die Masche fest wird. Lege danach den Faden über die nächste Schlinge und hebe sie ab. Fahre so fort.

4 **Stricke einen Schlauch** von 18 cm. Fädle dann das Fadenende mit der Wollnadel durch alle vier Schlingen und ziehe es fest an. Ziehe den Schlauch von unten aus der Strickliesel. Stelle für die Blüte einen Schlauch von 36 cm her. Lege den Schlauch in fünf gleich große Schlingen und nähe ihn mit den Fadenenden zusammen.

5 **Nähe mit dem** grünen Fadenende die Blüte an den Stiel, indem du eine einige Male abwechselnd durch den Stil und die Blütenmitte stichst. Klebe den gelben Pompon mit etwas Klebstoff auf diese Stelle. Schiebe den Bleistift vorsichtig in den Stil und vernähe den Fadenanfang.

Maustipp

zum Basteln und Spielen

⭐ Du kannst dir auch kleine Schmuckstücke aus den Strickschläuchen herstellen, z.B. Armbänder, Ketten oder ein geflochtenes Stirnband. Du kannst sie aber auch im Kreis herum zu Eierwärmermützen zusammennähen.

Nadelkissen für Profis

Im Kreis gewebt

Das brauchst du

- Textilfilz in Pink, 12 cm x 12 cm
- Softwolle in Gelb, 4 g
- Styroporkugel, ø 4 cm
- 6 Acrylhalbperlen gefrostet in Gelb, ø 5 mm
- 3 Acrylhalbperlen gefrostet in Blau und Grün, ø 5 mm
- Pappe mittlerer Stärke, 8 cm x 8 cm
- Bleistift
- Schere
- Sägemesser
- Lochzange
- Wollnadel
- Nähnadel
- Nähgarn in Grün
- Klebstoff
- Schmucksteinkleber

Vorlagenbogen A

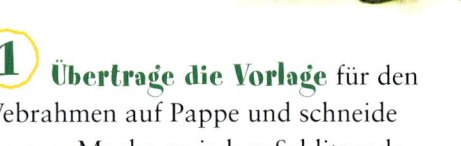

1 **Übertrage die Vorlage** für den Webrahmen auf Pappe und schneide ihn aus. Mache an jedem Schlitzende mit der Lochzange ein kleines Loch. Ein Erwachsener nummeriert die Löcher von 1-15. Führe einen 1 m langen Wollfaden von hinten nach vorne durch den ersten Schlitz und verknote das Fadenende.

2

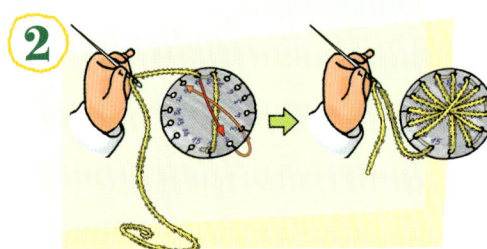

Führe den Faden jetzt zu Loch 8 und auf der Rückseite zu Loch 9, lass dir dabei von einem Erwachsenen helfen. Spanne ihn danach zu Loch 2 und dann auf der Rückseite zu Loch 3, anschließend zu Loch 10 usw. Drehe die Pappscheibe dabei gegen den Uhrzeigersinn.

3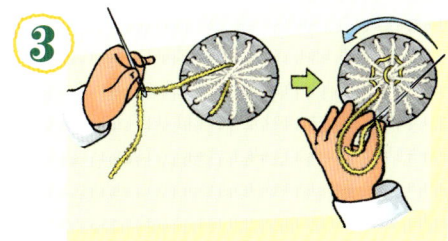

Fädle das Fadenende mithilfe einer Wollnadel zuerst unter und danach zurück über den Mittelpunkt aller Fäden. Lege den Webfaden gegen den Uhrzeigersinn einmal über und einmal unter einen Spannfaden.

4 **Webe bis unter** die Löcher. Biege dann die Pappe zwischen den Schlitzen leicht nach vorne und hebe die Schlingen mit den Fingern darüber. Ein Erwachsener schneidet die Styroporkugel vorsichtig mit einem kleinen Sägemesser in der Mitte durch. Lege eine Kugelhälfte auf den gewebten Kreis und ziehe ihn mit dem Fadenende langsam zusammen, sodass auch die Unterseite am Rand bedeckt ist. Vernähe das Fadenende auf der Unterseite im Gewebe.

5 **Zeichne mit Hilfe** der Vorlage die Blüte auf den Textilfilz und schneide sie aus. Nähe das Haargummi mit dem grünen Nähgarn in der Blütenmitte fest. Klebe die gelbe Halbkugel mit Klebstoff und die Schmucksteine mit Schmucksteinkleber auf die Filzblüte.

Sonnengelber Traumfänger

Fängt böse Träume!

Das brauchst du

- Metallring aus gewelltem Flachdraht, ø 25 cm
- Dekorkordel in Gelb, 1 cm breit, 1 x 3 m lang, 1 x 50 cm lang, 3 x 25 cm lang
- 14 Kunststoffperlen in Gelb matt, ø 10 mm
- 3 Kunststoffperlen in Weiß matt, ø 10 mm
- 5 Filzstreifen in Gelb, 1 cm breit, 30 cm lang
- 5 Dekofedern in Gelb, 9 cm lang
- Filzschmetterling in Gelb-Orange, 6,5 cm x 4,5 cm
- Klebstoff
- Schere
- Wollnadel

1 **Wickle die Filzstreifen** um den Drahtring. Klebe jeweils nur die Anfänge und die Enden der Streifen mit Klebstoff fest. Teile den Ring in acht gleichgroße Abschnitte ein. Zeichne Bleistiftstriche auf den Filzrand als würdest du einen Kuchen aufteilen.

2

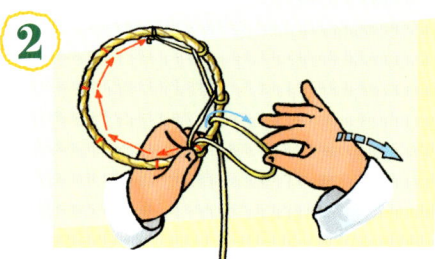

Verknote das Ende der 3 m langen Kordel an der ersten Markierung und spanne sie bis zum zweiten Bleistiftstrich. Halte den Ring und die Kordel mit Daumen und Zeigefinger fest. Greife von oben in diesen Zwischenraum und ziehe die Kordel nach rechts durch. Spanne sie bis zur nächsten Markierung und beginne von vorn.

20

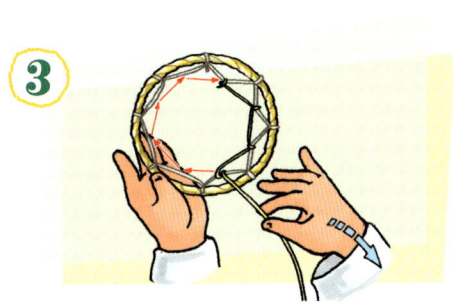

3

Knüpfe die Schlinge in der zweiten Reihe immer um die Mitte der gespannten Schnur.

4 **Fädle in der** dritten Reihe zuerst eine Perle auf die Kordel bevor du die Schlinge machst. In der nächsten Reihe machst du die Schlinge hinter der Perle in der Mitte. Nimm die Wollnadel zur Hilfe oder lass dir von einem Erwachsenen helfen. Vernähe zum Schluss das Fadenende und schneide es ab.

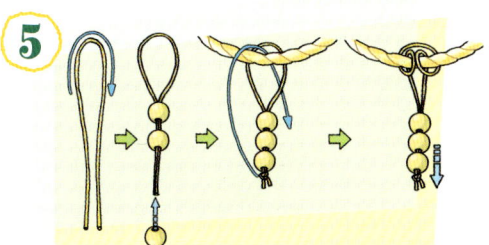

5

Lege zwei kurze Schnüre zu Schlingen, stecke beide Enden durch jeweils drei Perlen und verknote sie. Durch die dritte Schnur musst du zuerst den Kristall fädeln und danach beide Enden durch die drei Perlen. Lege die Schlingen

unter den Drahtring. Stecke den Knoten jeweils von oben durch und ziehe ihn nach unten fest.

6 **Bestreiche die Federkiele** mit Klebstoff und stecke sie in die unterste Perle. Fädle eine Perle auf das letzte Stück Schnur und befestige es oben in der Mitte. Klebe den Schmetterling auf das Netz.

Maustipp
zum Basteln und Spielen

⭐ Märchenwolle gibt es in vielen
verschiedenen Farben. Bastle dir
eine Schnecke in deinen Lieblings-
farben oder forme eine Spinne
aus schwarzem Chenilledraht
und wickle Kopf und Körper aus
schwarzer Märchenwolle.

Regenbogenschnecke

aus weicher Märchenwolle

① Verdrehe die Enden des kurzen Chenilledrahtstücks miteinander und biege die Fühler nach oben.

Das brauchst du

- Chenilledraht in Gelb, 6 mm breit, 30 cm lang
- Chenilledraht in Gelb, 6 mm breit, 15 cm lang
- Märchenwolle in Gelb, 1 g
- Märchenwolle in Regenbogenfarben, 2 g
- Klebstoff
- Watteei, 3 cm x 3,8 cm

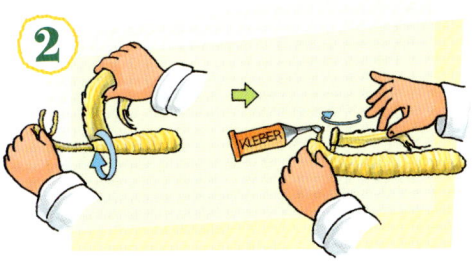

② Drücke den Körper in Schneckenform und umwickle ihn mit der gelben Märchenwolle. Bestreiche die Fühler mit Klebstoff, bevor du ganz wenig Wolle um sie herumwickelst. Bestreiche Anfang und Ende des langen Chenilledrahtstücks mit wenig Klebstoff und umwickle es mit der regenbogenfarbenen Wolle.

③ Forme das Schneckenhaus, indem du das Drahtstück von oben nach unten um das Watteei wickelst.

④ Klebe das Schneckenhaus mit wenig Klebstoff auf die Schnecke.

Die Dinos sind los!

Nadelfilzen für Eltern-Kinder-Teams

Das brauchst du

- Märchenwolle in Blau meliert, in Grün meliert und in Braun meliert, 2 g pro Saurier
- Rest in Grünbraun
- Ausstechformen Dinosaurier, ø 7,5 cm–9,5 cm
- Schaumstoffunterlage, 21 cm x 15 cm x 20 cm
- Filznadel mit Halter, mittlere Stärke
- 2 Wackelaugen, ø 5 mm pro Saurier
- Klebstoff
- Küchenwaage

1 **Lege eine Ausstechform** auf die Schaumstoffunterlage. Zupfe etwas von deiner abgewogenen Wolle fein auseinander und fülle damit die Form.

2

Halte die Form mit Daumen und Zeigefinger der linken Hand seitlich am Rand fest. Mit der rechten Hand hältst du die Filznadel. Vielleicht benötigst du anfangs noch die Hilfe eines Erwachsenen? Stich die Nadel jetzt möglichst gerade, innerhalb der Form, mit kleinen Auf- und Abbewegungen durch die Filzwolle. Damit deine Nadel nicht abbricht, solltest du immer eine Schaumstoffunterlage benützen.

Maustipp

zum Basteln und Spielen

⊛ Ziehe mit einer dicken Nadel eine Schnur durch den Saurierrücken, dann kannst du ihn an deinen Turnbeutel hängen. Schau doch mal bei deinen Eltern in der Küche nach, ob sich noch andere Ausstechformen für diese Technik finden. Auch Sterne oder Hasen sind toll!

3

Hat sich die Wolle zu einer Fläche verfilzt, drehst du den Dino und legst ihn verkehrt herum auf die Unterlage. Ziehe den Saurier ab, drücke ihn wieder in die Form und verfilze ihn von der Rückseite.

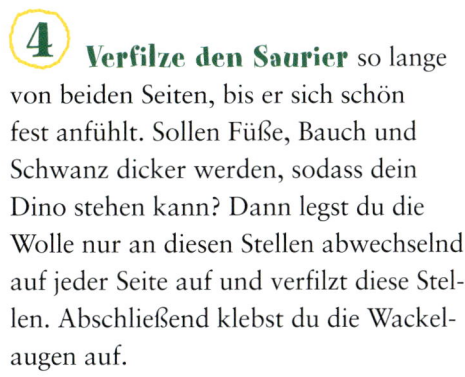

4 **Verfilze den Saurier** so lange von beiden Seiten, bis er sich schön fest anfühlt. Sollen Füße, Bauch und Schwanz dicker werden, sodass dein Dino stehen kann? Dann legst du die Wolle nur an diesen Stellen abwechselnd auf jeder Seite auf und verfilzt diese Stellen. Abschließend klebst du die Wackelaugen auf.

Kirschen für den Kaufladen

So einfach ist Nassfilzen!

Das brauchst du

- Filzwolle, Kammzug in Rot,
  2 g (je Kirsche)
- Baumwollkordel in Grün,
  25 cm lang
- Plastikflasche, Volumen
  250 ml
- Megafilzer
- Noppenfolie, 50 cm x 30 cm
- kleine spitze Schere
- Lineal
- Klebstoff
- Küchenwaage
- kleine Schüssel
- kleines Handtuch

sie und teile sie in acht gleich große Stücke. Zupfe diese Stücke in die Breite, sodass sie eine Größe von 6 cm x 6 cm haben und durchsichtig sind.

2

Lege diese Wollschichten abwechselnd einmal längs und einmal quer übereinander.

3 **Rolle den Wollstapel** mit deinen Händen ohne Druck zu einer lockeren Kugel. Gibt es Risse, legst du etwas gezupfte Wolle darüber und rollst die Kugel erneut. Halte die Kugel über die Schüssel und bespritze sie von allen Seiten mit der Flüssigkeit aus der Flasche. Rolle die Kugel ohne Druck drei Minuten lang.

1 **Fülle die Plastikflasche** mit 200 ml kaltem Wasser und gib fünf Tropfen Megafilzer hinein. Lege die Noppenfolie auf den Tisch und stelle die kleine Schüssel bereit. Reiße 6 cm große Stücke aus der Filzwolle, wiege

Maustipp

zum Basteln und Spielen

⭐ Was möchtest du noch für deinen Kaufladen haben? Filze dir doch ein paar violette Pflaumen, grüne Äpfel oder hellrote Tomaten.

(4)

Rolle sie jetzt mit Druck zwischen deinen Händen. Deine süße Kirsche ist fertig, wenn sie sich noch leicht mit den Fingern zusammendrücken lässt. Lasse sie trocknen. Bitte einen Erwachsenen, mit der Scherenspitze vorsichtig ein Loch in deine Kirsche zu bohren. Verknote die Enden und die Mitte des grünen Kordelstücks. Fülle Klebstoff in die Löcher und klebe die Endknoten hinein.

Für Prinzessinnen

glitzerndes Filzarmband

Das brauchst du

- Bastelfilz in Weiß mit Glitzer-punkten, 10 cm x 20 cm
- Kreativkleber für Filz
- 7 Bastelhölzer, ø 4 mm, 10 cm lang
- 7 Plastikfacettenperlen in Silber, ø 8 mm
- Elastikfaden in Weiß, ø 1 mm, 20 cm lang
- Schere
- Bleistift
- Unterlage
- ggf. Wollnadel

Vorlagenbogen B

Zeichne dir mithilfe der Vorlage sieben Perlen auf und schneide sie aus.

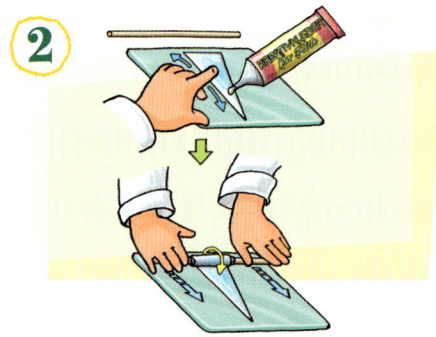

Lege ein Filzdreieck auf die Unterlage, bestreiche es mit Klebstoff und wickle es mit einem Bastelhölzchen von der breiten Seite her auf. Stelle so alle sieben Perlen her.

3 **Ziehe nach dem Antrocknen**
vorsichtig die Bastelhölzer aus den
Perlen. Fädele den Elastikfaden abwechselnd durch eine Filz- und eine Facet-
tenperle. Verknote anschließend die
Fadenenden fest miteinander.

Maustipp
zum Basteln und Spielen

✪ Wenn du dickere Perlen haben
möchtest, musst du längere Dreiecke auf
den Filz zeichnen. Möchtest du längere
Perlen haben, zeichnest du das Dreieck
breiter. Wenn du Rechtecke aufrollst, be-
kommst du gerade Perlen. Du kannst dir
auch eine Kette aus Filzperlen basteln.

Kleine Krimskrams-Körbchen

gewickelter T-Shirt-Stoff

Das brauchst du

- 4 Chenilledrahtstücke in Weiß, 9 mm breit, 50 cm lang
- 2 Trikotstoffstreifen in Pink mit weißen Punkten, 2 cm breit, 1 m lang
- 2 Trikotstoffstreifen in Gelb oder Türkis, 1,5 cm breit, 1,50 m lang
- Schere
- Klebstoff
- Wollnadel
- Nähnadel
- Nähgarn in Pink

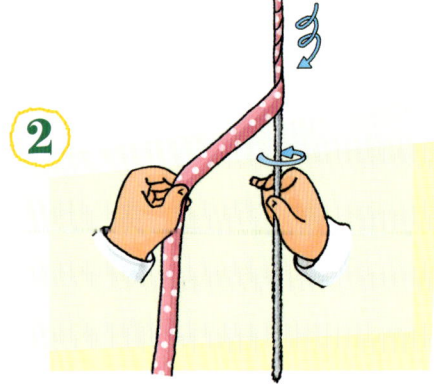

2 Halte den Stoffstreifen mit Daumen und Zeigefinger der linken Hand gespannt und drehe das Drahtstück mit der rechten Hand gegen den Uhrzeigersinn, sodass sich der Stoffstreifen spiralförmig um den Chenilledraht wickelt.

3 Fixiere den Stoffstreifen 3 cm vor dem Ende mit etwas Klebstoff und verdrehe die freie Stelle mit einem neuen Chenilledrahtstück. Umwickele so alle Chenilledrähte.

1 Schneide die pinkfarbenen Stoffstreifen zu. Klebe den Anfang eines Streifens mit Klebstoff an einem Chenilledrahtstück fest.

4 Schneide die gelben oder türkisfarbenen Streifen zu und klebe sie am Anfang der Stoffwulst fest.

Maustipp

zum Basteln und Spielen

⭐ In diesen kleinen Körbchen kannst du Haarspangen, Zopfgummis aber auch kleine Fundstücke aufbewahren. Du kannst die Stoffstreifen auch aus alten T-Shirts zuschneiden.

5

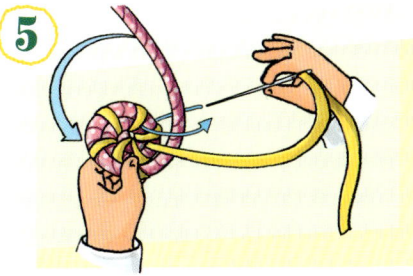

Fädle den Streifen in eine Wollnadel. Rolle die Stoffwulst gegen den Uhrzeigersinn zur Schnecke auf. Damit sie sich nicht wieder öffnet, nähst du immer, wenn zwei Wülste nebeneinander liegen, von hinten nach vorne darüber.

6 **Ist dein Stoffstreifen** zu Ende, nähst du den zweiten mit Überwendlichstichen rechts auf rechts an den ersten. Hat dein Boden einen Durchmesser von 8 cm erreicht, legst du die Stoffwulst im Kreis herum übereinander und nähst sie genauso zusammen wie unter Punkt 5 beschrieben.

7 **Für den Rand** umnähst du die oberste Wulst mit dem Streifenrest und vernähst ihn anschließend im Gewebe.

Happy Birthday!

mit Bändern beklebtes Windlicht

Das brauchst du

- Trinkglas, gerade Form, 8 cm hoch, ø 7 cm
- Satinband in Pink mit weißen Punkten, 1,5 cm breit, 24 cm lang
- Paillettenband in Pink, 5 mm breit, 24 cm lang
- Satinband in Weiß mit Blümchen, 1 cm breit, 32 cm lang
- Taftband gestreift, 1,5 cm breit, 48 cm lang
- Schmuckband mit Blüten, 2,5 cm breit, 24 cm lang
- Schmuckband in Flieder mit weißen Punkten, 1 cm breit, 24 cm lang
- doppelseitiges Klebeband transparent, 6 mm breit, 1,80 m lang
- 7 Schmucksteine in Flieder, ø 6 mm
- Klebstoff
- Lineal
- Schere

1 **Schneide die Bänder** mit der Schere zu. Vom weißen Satinband schneidest du 8 cm ab, das Taftband halbierst du.

2 **Lege das pinkfarbene Band** mit der „falschen" Seite nach oben auf den Tisch und klebe das doppelseitige Klebeband darauf. Entferne den Schutzstreifen.

3

Klebe das Satinband möglichst gerade entlang des Glasrands auf. Klebe das zweite Band genau unter das erste und lasse die Ränder dabei leicht überlappen. Klebe so der Reihe nach alle Bänder und die Paillettenbordüre auf das Glas.

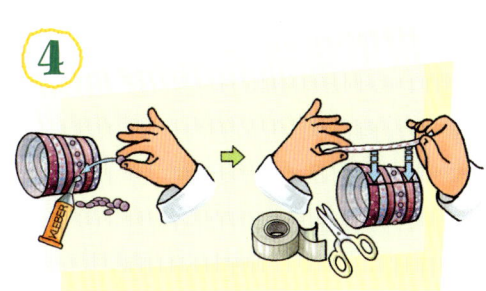

④

Mit etwas Klebstoff klebst du die Schmucksteine in die Blütenmitten und die restlichen 8 cm des weißen Satinbands mit doppelseitigem Klebeband der Länge nach über die Nahtstellen.

Maustipp
zum Basteln und Spielen

⭐ Bänder gibt es in vielen verschiedenen Farben und in unterschiedlichen Breiten. Schön sieht ein Windlicht auch in Gelb- oder Rottönen aus oder du bastelst dir ein ganz buntes. Die Streifen, die du für die Mitte verwendest, sollten lichtdurchlässig sein.

Für kleine Ladies
Haarreif mit Tupfenjojo

Das brauchst du

- Haarreif in Rot mit weißen Punkten
- Baumwollstoff in Rot mit weißen Punkten, 8 cm x 8 cm
- Baumwollstoff in Weiß mit roten Punkten, 11 cm x 11 cm
- Pappe mittlere Starke, 8 cm x 8 cm und 11 cm x 11 cm
- Herz-Knopf in Weiß, ø 2 cm
- Nähgarn in Rot und Weiß
- Nähnadel
- Schere
- Bleistift
- Klebepistole

Vorlagenbogen B

1 **Übertrage die Vorlagen** auf Stoff. Zeichne den großen Kreis auf den weißen Stoff und den kleinen Kreis auf den roten Stoff. Schneide sie beide aus.

2

Verknote das Ende des zum Stoff passenden Garns und nähe mit Vorstichen 5 mm vom Rand entfernt einmal im Kreis herum und ziehe den Kreis mit dem selben Faden zusammen.

3 **Lege die beiden Rosetten** übereinander und nähe mit einem weißen Faden einige Male durch ihre Mitte – von unten nach oben und wieder zurück.

4

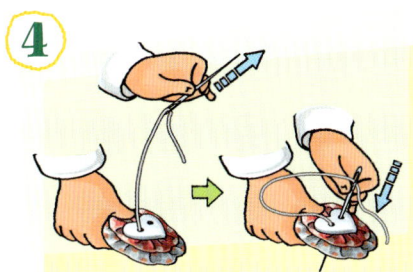

Stich danach mit demselben Faden von unten nach oben durch ein Loch des Knopfes und durch das andere Loch zurück zum Stoff. Wiederhole dies so lange, bis der Knopf hält.

5 **Klebe die Rosette** mit der Klebepistole auf den Haarreif.

Maustipp

zum Basteln
und Spielen

⭐ Die Rosette eignet sich nicht nur als Haarschmuck. Wenn du eine Broschennadel auf die Rückseite nähst, kannst du damit deine Jacke verschönern. Nähst du mehrere Rosetten nebeneinander auf ein Band, hast du eine schöne Halskette.

Maustipp

zum Basteln und Spielen

⭐ Schrägbänder gibt es auch in anderen Farben, mit farbigen Punkten und Streifen. Bastle doch auch eine hübsche Schleife für deine Freundin. Dann könnt ihr im Partnerlook gehen.

Schleifenspangen
selbst genäht

1 **Schneide vom Schrägband** 12 cm ab. Falte die beiden kurzen Seiten bis zur Mitte und stecke sie mit Stecknadeln fest.

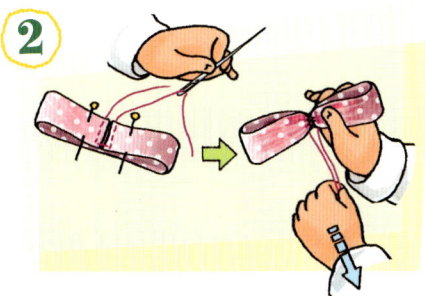

2

Nähe Vorstiche entlang der kurzen Seiten und wieder zurück. Ziehe den Stoff zusammen, bevor du den Faden vernähst.

3 **Klebe die übrigen 3 cm** vom Schrägband zuerst der Länge nach zusammen und dann um die Nahtstelle der Schleife herum.

4 **Ist alles gut getrocknet** klebst du die Schleifen mit der Klebepistole auf die Haarspängchen und zum Schluss die Glitzersteine mit dem Schmucksteinkleber auf das Schrägband in der Mitte.

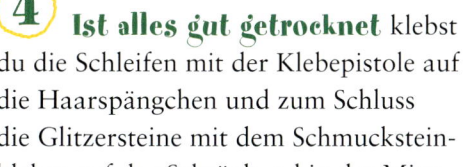

Mein Murmelbeutel
Nähprojekt für Einsteiger

Das brauchst du

- Baumwollstoff in Flieder mit Früchten, 40 cm x 15 cm
- Baumwollstoff mit bunten Blümchen, 30 cm x 12 cm
- Satinband in Lila, 6 mm breit, 30 cm lang
- Satinband in Gelb, 6 mm breit, 50 cm lang
- 4 Kordelenden in Weiß, ø 7 mm, 1,5 cm lang
- Stecknadeln
- Nähseide in Flieder und Gelb
- Nähnadel
- Schere
- Bleistift
- Lineal
- Sicherheitsnadel

Vorlagenbogen A

1 **Schneide mit Hilfe** von Lineal und Bleistift den Stoff zu. Lege ihn mit der linken Seite nach oben und falte die kurzen Stoffkanten 2 cm nach innen. Stecke sie mit Stecknadeln fest.

2

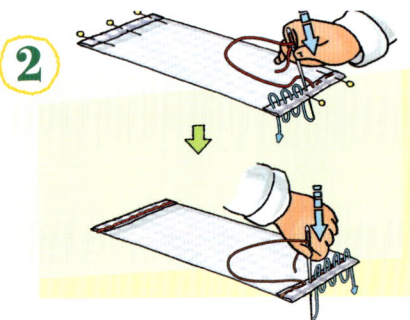

Nähe mit dem passenden Nähgarn Vorstiche von einer Seite zur anderen – im Abstand von 0,5 cm zum Rand. Beim karierten Stoff ist ein Stich so lang wie ein Karo. Danach nähst du die Vorstiche in die andere Richtung in die Zwischenräume und vernähst den Faden am Schluss im Stoff.

Maustipp
zum Basteln und Spielen

⊛ In diesen kleinen Beuteln kannst du Murmeln, Perlen, Schmuck oder Geheimnisse aufbewahren. Du kannst sie auch als Verpackung für ein kleines Geschenk verwenden.

3 **Falte den Stoff** rechts auf rechts aufeinander und stecke ihn an den Seiten mit Stecknadeln zusammen. Nähe die Seiten genauso wie den Rand. Drehe den Beutel um.

4

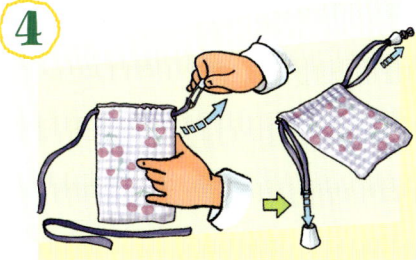

Halbiere das Satinband und ziehe eine Hälfte mit einer Sicherheitsnadel von der rechten Seite und die andere Hälfte von der linken Seite durch den Saum. Fädele die Satinbandenden durch die Kordelenden und verknote sie.

Süße Sockeneule
Stofftierdesign für Profis

Das brauchst du

- 1 Paar gestreifte Socken, Größe 39
- Textilfilz in Schwarz, 8 cm x 8 cm
- 2 Knöpfe in Blau, ø 35 mm
- 2 Knöpfe in Grün, ø 20 mm
- Filzrest in Rot
- Füllwatte, 45 g
- Nähnadel
- Nähseide in Schwarz
- Stecknadeln
- Klebstoff
- Bleistift
- Farbstift in Weiß

Vorlagenbogen B

1 **Schneide zuerst** von beiden Socken die Spitzen ab und danach eine Socke über der Ferse durch. Dein Sockenrechteck sollte jetzt 14 cm lang sein.

2 **Lege die Vorlage** mit der Markierung an eine offene Seite, zeichne mit dem Farbstift die Rundung auf und schneide sie aus.

3

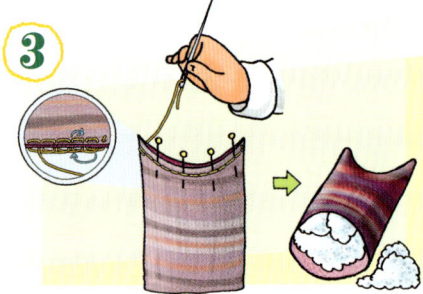

Drehe das Rechteck um, stecke die Rundung mit Stecknadeln aufeinander und nähe sie mit Rückstichen zu. Wende den Eulenrumpf und stopfe die Füllwatte hinein.

4 **Zeichne mit der Vorlage** und dem Farbstift einen Kreis auf den schwarzen Textilfilz. Schneide ihn aus und stecke ihn mit Stecknadeln auf die Öffnung. Nähe ihn mit Überwendlichstichen fest.

5

Falte die Sockenspitzen jeweils zur Hälfte, fixiere sie mit Stecknadeln und nähe die offenen Seiten mit Überwendlichstichen zusammen. Nähe die Flügel seitlich mit Überwendlichstichen am Eulenkörper fest.

6

Lege die grünen Knöpfe in die blauen Knöpfe und nähe sie zusammen in der Mitte der oberen Sockenhälfte fest (wie bei der Rosette auf Seite 35 beschrieben). Klebe das rote Filzdreieck als Schnabel mit etwas Klebstoff unter die Augen.

Maustipp

zum Basteln und Spielen

⭐ Du kannst dir auch zwei Schlangen aus einer kaputten Strumpfhose basteln. Schneide dazu die Beine und die Sockenspitzen ab und nähe die Fersen nach innen. Schneide danach die Strumpfstücke seitlich 8 cm ein und klebe gefaltete Pappstücke in Schlangenmaulform hinein. Beklebe das Maul innen mit rotem Filz, klebe eine lange, dünne Schlangenzunge aus Filz hinein und Wackelaugen auf den Kopf. Tanze mit den Schlangen einen Schlangentanz.

Blütenbuttons

bestickte Anstecker

Das brauchst du

- Button (Ober- und Unterteil), ø 2,8 cm
- Button-Macher-Werkzeug (Gummiring und Plastikdeckel)
- Pappe mittlerer Stärke, 5 cm x 5 cm
- Baumwollstoff kleinkariert in Hellgrün, 5 cm x 5 cm
- Sticktwist in Gelb, Hellrosa und Dunkelrosa
- Stramin in Weiß (44 Stich), 3 cm x 3 cm
- doppelseitiges Klebeband
- dünne Sticknadel mit Spitze
- Schere
- Bleistift

Vorlagenbogen B

1

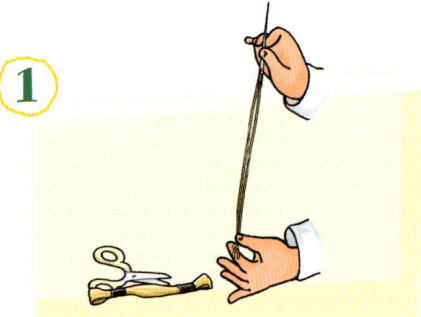

Zeichne mithilfe der Vorlage einen Kreis auf den Baumwollstoff und mit dem Buttonoberteil einen Kreis auf den Stramin. Schneide beide Kreise aus und klebe sie mit etwas Klebeband mittig aufeinander. Ziehe einen 40 cm langen Faden aus dem Stickgarn und schneide ihn ab. Fädle ihn doppelt in die Sticknadel und verknote das Ende.

②

Zeichne für die Blüte einen kleinen Kreis in die Mitte des Stoffkreises und umsticke ihn mit Vorstichen. Fülle die Mitte mit großen Stichen aus. Stich für die Blütenblätter am gelben Kreis aus und im Abstand von 0,5 cm in den Stoff ein, dann wieder am gelben Kreis aus.

③

Lege den Stoffkreis mit der schönen Seite in die Gummiform und darauf das Buttonoberteil. Falte den überstehenden Stoff in die Mitte. Lege das Unterteil, mit der Broschennadel nach oben darauf und drücke es mit dem Plastikdeckel fest nach unten.

Maustipp
zum Basteln und Spielen

⭐ Vielleicht findest du interessante Stoffreste zum Nachsticken oder du besitzt kleine Stempel mit einfachen Motiven, die du nachsticken kannst. Ein frecher Fliegenpilz, eine coole Spinne oder eine leckere Erdbeere sind ebenfalls topmodisch!

Herzen mit Lavendelduft

zum Muttertag genäht

Das brauchst du

- Bastelfilz in Lavendellila, 20 cm x 15 cm
- Getrockneter Lavendel, 3 g pro Herz
- Füllwatte (großes Herz), 3 g
- Füllwatte (kleines Herz), 2 g
- Blumenborte, 8 mm breit, 7,5 cm lang
- Stoffblüte, ø 20 mm
- 7 Strasssteine in Silber, ø 3 mm
- Perlgarn in Regenbogenfarben
- Sticknadel mit Spitze
- Stecknadeln
- Schere
- Bleistift
- Klebstoff
- Löffel

Vorlagenbogen B

1 **Zeichne das große** und das kleine Herz mithilfe der Vorlage und einem Bleistift je zwei Mal auf den Filz. Schneide sie mit der Schere aus und stecke sie mit den Stecknadeln aufeinander.

2 **Verknote das Ende** eines 1 m langen Stücks Stickgarn. Stich mit der Sticknadel oben in der Mitte 0,5 cm vom Rand entfernt und von unten nach oben durch beide Filzteile.

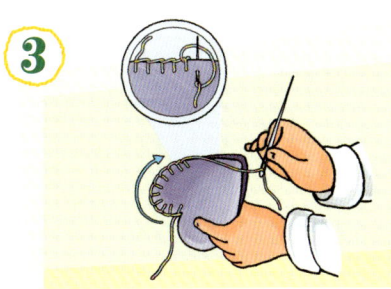

3 **Danach stichst du** die Nadel mit etwas Abstand rechts davon von unten nach oben durch die Filzteile, legst den Faden unter die Nadelspitze und ziehst ihn anschließend durch. Dieser Stich heißt Schlingenstich und er wird von links nach rechts genäht.

4 **Nähe den Schlingenstich** um das ganze Herz. Bevor du das letzte Stück zunähst, füllst du zuerst mit dem Löffel den Lavendel und danach die Füllwatte hinein.

5 **Klebe zum Schluss** die Blüte, die Borte und die Strasssteine mit etwas Klebstoff auf das Filzherz. Möchtest du es aufhängen, verknotest du etwa 10 cm Stickgarn an den Enden und ziehst diese Schlinge oben durch die Mitte.

Maustipp
zum Basteln und Spielen

⊛ Lege die Lavendelherzen in deinen Kleiderschrank zwischen deine Kleidungsstücke. Diesen Geruch mögen Motten nämlich nicht. Du kannst die Lavendelherzen auch an deine Eltern oder Großeltern verschenken.

Täschchen für Glückspilze

Einfach aufbügeln!

Das brauchst du

- **Stofftasche in Natur,**
  25 cm x 22 cm x 14 cm
- **Baumwollstoff in Rot mit**
  weißen Punkten, 15 cm x 10 cm
- **Baumwollstoff in Blau kariert,**
  8 cm x 10 cm
- **Baumwollstoff in Grün kariert,**
  22 cm x 5 cm
- **Schrägband in Gelb mit weißen**
  Punkten, 2 cm breit, 35 cm lang
- **Bügelvlies (z. B. Vliesofix),**
  35 cm x 20 cm
- **Pappe mittlerer Stärke,**
  18 cm x 15 cm
- **Schere**
- **Bleistift**
- **Lineal**
- **Bügeleisen**

Vorlagenbogen B

1 **Schneide das Vliesofix** und die Stoffstücke gleichgroß zu. Lege die Stoffstücke und das Schrägband mit der Rückseite auf die raue Seite des Vliesofix.

2 **Stelle das Bügeleisen** auf Baumwolle (Stufe 3) und bügle so lange über den Stoff, bis das Bügelvlies haftet. Dabei benötigst du einen erwachsenen Assistenten.

3

Stelle aus der Pappe Schablonen der Vorlagenzeichnungen her und übertrage sie mit dem Bleistift auf die Rückseite der Stoffstücke. Schneide sie aus.

Maustipp
zum Basteln und Spielen

⊛ Du kannst auch einen Kissen-
bezug, einen Turnbeutel oder einen
Geldbeutel mit Stoffapplikationen
verschönern; oder du dekorierst
eine große Stofftasche als Geschenk
für deine Eltern.

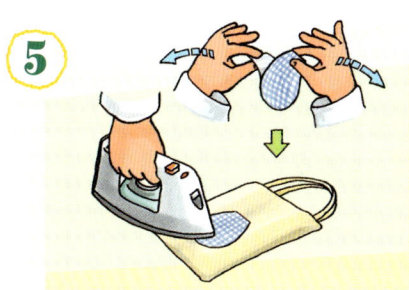

Ziehe das Schutzpapier vom Pilzstiel
ab und lege ihn in die Mitte der unteren
Taschenhälfte. Bügle über den Stiel, bis
er auf der Tasche haftet.

6 **Bügle** auf die gleiche Art und
Weise die Pilzkappe, das Gras und das
Schrägband auf die Tasche. Beginne mit
dem Aufbügeln des Schrägbandes auf
der Rückseite der Tasche, an der Naht
des Henkels.

Die Autorin

Ute Fischer wohnt mit ihrem Mann und zwei erwachsenen Söhnen in Eislingen/Fils. In ihrer langjährigen Tätigkeit als Kindergartenleiterin legte sie ihren Schwerpunkt auf die Kreativitätsentwicklung bei Kindern. Auch in ihrer Freizeit bastelte sie regelmäßig mit Kindern und Jugendlichen, beispielsweise beim Schülerferienprogramm der Stadt. Schon als Kind beschäftigte sie sich mit verschiedenen Naturmaterialien, häkelte, strickte, webte oder nähte Plüschtiere von Hand. 2008 gewann sie mit ihrer „Pullover-Tasche" den Topp-Kreativ-Preis. Seit 2009 ist sie Kreativbuch-Autorin im Frechverlag sowie Teil des Lesebeirats.

DANKE!

Die Autorin bedankt sich bei der Firma Rayher (Laupheim) für die Bereitstellung von Materialien, bei ihrem Mann Gerd für die tatkräftige Unterstützung am PC und bei Frau Detzel für die gute Zusammenarbeit!

Die Redaktion dankt den Models Julian, Robin, Kieran, Chiara, Leni, Lilian, Alina und Lisa für ihre tolle Mitarbeit bei diesem Buchprojekt!

Unser Service für Sie

Wenn Sie Fragen zu den Anleitungen in diesem Buch haben, schreiben Sie einfach eine Mail an: mail@kreativ-service.info. Wir helfen Ihnen gerne weiter.

Impressum

Modelle: Ute Fischer

Fotos: frechverlag GmbH, 70499 Stuttgart; lichtpunkt Michael Ruder, Stuttgart

Illustrationen: Antje Hagemann

Schrittillustrationen: Ursula Schwab

Produktmanagement und Lektorat: Anja Detzel

Herstellung: Katrin Röhlig und Arnold & Domnick, Leipzig

Konzept: Angela Vornefeld und Carolin Eichenlaub

Layout: Petra Bachmann

Druck und Bindung: Finidr s.r.o., Tschechische Republik

1. Auflage 2012

© 2012 frechverlag GmbH, 70499 Stuttgart
www.topp-kreativ.de

ISBN 978-3-7724-5707-4
Best. Nr. 5707